¡Ven conmigo!

Diagnostic Tests and Rubrics

for use with Level 1A, Level 1B, and Levels 1–3

HOLT, RINEHART AND WINSTON

A Harcourt Classroom Education Company

Austin · New York · Orlando · Atlanta · San Francisco · Boston · Dallas · Toronto · London

Art Credits:
All art by Holt, Rinehart and Winston.

Photo Credits:
Page 15, Comstock; 28, (bl) Hector Mendez Caratini; 31, (tr) Michelle Bridwell, Frontera Fotos; 42, Nancy Humbach/HRW Photo

¡VEN CONMIGO! is a trademark licensed to Holt, Rinehart and Winston, registered in the United States of America and/or other jurisdictions.

Printed in the United States of America

ISBN 0-03-073151-8

1 2 3 4 5 ??? 07 06 05 04 03

Table of Contents

To the Teacher

The *¡Ven conmigo! Diagnostic Tests and Rubrics* provides materials to help teachers measure students' prior knowledge of Spanish. By assessing students' existing content knowledge as well as their writing and speaking skills, you can more accurately place students within our multi-level program.

These exams can be useful for students who are new to your school or who are new to the *¡Ven conmigo!* series. It can also be a valuable tool to help determine where students need extra review and practice.

The *Diagnostic Test and Rubrics* contains two components:

- **Diagnostic Exams** There is one exam for each level of *¡Ven conmigo!*, including Level 1A. Each exam contains listening, reading, culture, and writing sections. Each accompanying rubric provides scoring criteria, as well as a rubric for evaluating the writing portion of the exam. Scripts and answers follow each exam. For score sheets, go to http://www.hrw.com/dtest.

To administer the listening portion of the exam, you can read the items aloud from the scripts or use the accompanying audio CD. If you choose to use the CD, use the following table to locate the tracks you need.

Exam	Activity	Audio Program	CD and Track Numbers
Level 1A Diagnostic Exam	Activities A–C	Adelante 1A Audio Compact Discs	Disc 6, Tracks 24–26
Level 1B/Level 1 Diagnostic Exam	Activities A–D	Level 1 Audio Compact Discs	Disc 12, Tracks 21–24
Level 2 Diagnostic Exam	Activities A–D	Level 2 Audio Compact Discs	Disc 12, Tracks 18–21
Level 3 Diagnostic Exam	Activities A–D	Level 3 Audio Compact Discs	Disc 12, Tracks 23–26

- **Speaking Tests** For each level of *¡Ven conmigo!*, there is an interview and role-play suggestion for assessing oral performance. To score these exams, you can use the rubric provided on page 56.

¡VEN CONMIGO!

LEVEL 1A DIAGNOSTIC TEST AND RUBRIC

Level 1A Diagnostic Test Scoring Rubric

This rubric is meant only as a guide. You may consider 70% passing; however, you should also consider the student's strengths and weaknesses in each of the skill areas before placement.

There are four sections on the exam that total 100 points. The scores below correspond to the number of correct items in each section. The number of items in each section that the student answers correctly tells you whether he or she should be in Level 1A or Level 1B.

Listening Score (number of items correct)	Reading Score (number of items correct)	Culture Score (number of items correct)	Writing Score	Level
1–23	1–28	1–7	1–19	1A
24–30	29–36	8–10	20–24	1B

To help you assess the writing portion of the Diagnostic Exam, you can use the following rubric.

Writing Assessment Rubric

Content	Uses the appropriate vocabulary for the topic.	(Excellent) 5 4 3 2 1 (Poor)
Comprehensibility	Reader can understand what the writer is trying to communicate.	(Excellent) 5 4 3 2 1 (Poor)
Accuracy	Uses language correctly, including grammar, word order, spelling and punctuation.	(Excellent) 5 4 3 2 1 (Poor)
Organization	Writing is logical and effective.	(Excellent) 5 4 3 2 1 (Poor)
Risk-taking, Intuition	Communicates with creativity, extension, applies rules of language to write clearly	(Excellent) 5 4 3 2 1 (Poor)

Diagnostic Exam: Level 1A

I. Listening

Maximum Score: 30 points

A. Listen as Gloria and Juan discuss their school subjects. Then choose the best answer based on their conversation. (10 points)

_____ 1. ¿Cómo está Gloria?
   a. bastante mal
   b. regular
   c. bien

_____ 2. ¿Qué clase le gusta a Juan?
   a. inglés
   b. francés
   c. biología

_____ 3. ¿Por qué no le gusta a Gloria la clase de francés?
   a. Es mala.
   b. Es aburrida.
   c. Es interesante.

_____ 4. ¿A qué hora es la clase de francés?
   a. A la una.
   b. A las cuatro.
   c. A las ocho.

_____ 5. ¿Por que tiene prisa Juan?
   a. Su clase de baile está lejos.
   b. Tiene clase de francés.
   c. Debe cuidar a su hermano.

SCORE [   ]

B. What is everybody talking about? Match each topic with the correct conversation. (10 points)

_____ 6.

_____ 7.

_____ 8.

_____ 9.

_____ 10.

   a. free-time activities
   b. family members
   c. household chores
   d. school subjects
   e. the weather

SCORE [   ]

C. Listen as Mercedes describes her friends. Then match each name with the correct picture.
(10 points)

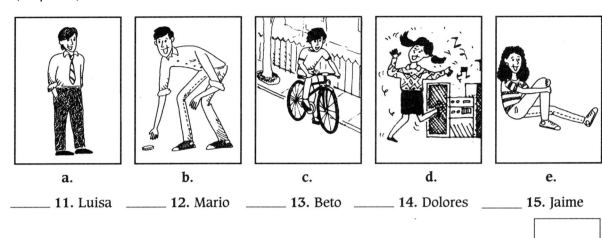

a.   b.   c.   d.   e.

_____ 11. Luisa   _____ 12. Mario   _____ 13. Beto   _____ 14. Dolores   _____ 15. Jaime

SCORE [   ]

II. Reading

Maximum Score: 36 points

A. Read about Amalia's family. Then decide if each statement that follows is a) **true** or b) **false**.
(8 points)

> Amalia tiene una familia bastante grande y unida. Tiene una hermana menor, abuelos y muchos tíos y primos. Todos viven en la misma ciudad. Sus abuelos viven al lado de su casa. Tío Jaime y tía Adriana viven muy cerca también en una casa grande con una piscina. Tienen tres hijos — Marcos, Patricia y Cristina. Tía Luisa no tiene hijos, pero tiene dos perros y un gato. Es profesora de inglés. Toda la familia visita a los abuelos los domingos por la tarde. Además, cada invierno todos (la familia de Amalia, los abuelos, los tíos y los primos) hacen un viaje a las montañas de Colorado. A todos les gusta esquiar aunque el papá de Amalia no esquía muy bien. Amalia tiene una hermana menor que se llama Josefina. A Josefina le gusta asistir al colegio y practicar los deportes.

_____ **16.** Amalia's family likes to do things together.

_____ **17.** One of Amalia's uncles teaches English.

_____ **18.** Amalia rarely sees her grandparents.

_____ **19.** Josefina is younger than Amalia.

SCORE [   ]

B. Juan and Ana meet in the hallway after school. Put their conversation in the correct order. (10 points)

_____ 20.

_____ 21.

_____ 22.

_____ 23.

_____ 24.

a. ¿Historia? Yo también. ¿Por qué no estudiamos juntos? Es más divertido, ¿no?

b. Hola, Juan. ¿Qué tal?

c. ¡Buena idea! ¡Vamos!

d. Yo necesito estudiar también porque tengo un examen de historia mañana.

e. Regular. Tengo dos exámenes mañana. Necesito estudiar pero no quiero.

SCORE [   ]

C. Read the descriptions of Guillermo's classmates. Then match each drawing with the passage that correctly describes each person. (10 points)

a.   b.   c.   d.   e.

_____ 25. Mi amigo David es muy alto y delgado. Le gustan muchos deportes, por ejemplo, el fútbol, el tenis y la natación. Todos los fines de semana va al parque a jugar al tenis.

_____ 26. A Pat le encanta la música clásica. Es inteligente y muy trabajadora. Toca la guitarra muy bien porque practica todos los días.

_____ 27. Eugenio es moreno y muy atlético. Practica deportes después de clases con sus amigos. Ahora está en el parque.

_____ 28. Chris es buena cocinera y ayuda a preparar la comida en casa. Me gusta comer todo lo que prepara.

_____ 29. Marcos es guapo y romántico. Tiene muchos amigos y a ellos les gusta cantar mientras toca sus canciones favoritas.

SCORE [   ]

D. Look at the TV guide. Then choose the best word or phrase to complete the sentences that follow. (8 points)

	LUNES	MARTES	MIERCOLES	JUEVES	VIERNES	SABADO	DOMINGO
	04	05	06	07	08	09	10
06:00	NOTICIERO VENEVISION	NOTICIERO VENEVISION	NOTICIERO VENEVISION	NOTICIERO VENEVISION	NOTICIERO VENEVISION	ALEGRE DESPERTAR	ALEGRE DESPERTAR
06:30	24 HORAS	24 HORAS	24 HORAS	24 HORAS	24 HORAS		
07:00							
07:30							
08:00	CRISTINA	CRISTINA	CRISTINA	CRISTINA	CRISTINA		
08:30							
09:00	MAITE	MAITE	MAITE	MAITE	MAITE		
09:30							
10:00	ALEGRE DESPERTAR	ALEGRE DESPERTAR	ALEGRE DESPERTAR	ALEGRE DESPERTAR	ALEGRE DESPERTAR		
10:30							
11:00							KINO TACHIRA
11:30						SERIES	
12:00	NOTICIERO VENEVISION	NOTICIERO VENEVISION	NOTICIERO VENEVISION	NOTICIERO VENEVISION	NOTICIERO VENEVISION		
12:30							
1:00	MARIELENA	MARIELENA	MARIELENA	MARIELENA	MARIELENA	MARIELENA	
1:30							
2:00	MARIMAR	MARIMAR	MARIMAR	MARIMAR	MARIMAR	MARIMAR	SERIES
2:30	MI QUERIDA ISABEL	MI QUERIDA ISABEL	MI QUERIDA ISABEL	MI QUERIDA ISABEL	MI QUERIDA ISABEL	MI QUERIDA ISABEL	
3:00	LUZ CLARITA	LUZ CLARITA	LUZ CLARITA	LUZ CLARITA	LUZ CLARITA	LUZ CLARITA	
3:30	TARDES FELICES	TARDES FELICES	TARDES FELICES	TARDES FELICES	TARDES FELICES		
4:00							
4:30							
5:00						SUPER SABADO SENSACIONAL	CINE DOMINGO
5:30							
6:00	GIGANTISIMO	SUPER CINE	LOTTO QUIZ	SERIE	GEMELAS		
6:30							
7:00				SERIE	TRES POR TRES		CINE MILLONARIO
7:30							
8:00		CHEVERISIMO	PRIMER IMPACTO	BIENVENIDOS	EDICION ESPECIAL MAITE		
8:30							

"Programación semanal." <u>Venevisión</u> Copyright © 1997 by venevision.com. Online. World Wide Web 11 Aug. 1997. Available http:/www.venevision.com/venevisiontv/programacion/programa.htm. Reprinted by permission of Venevisión.

_____ **30.** Puedes ver una película después del colegio el día...
    a. martes   **b.** jueves

_____ **31.** Los animados *(cartoons)* en Tardes Felices que le gustan a tu hermano menor el viernes por la tarde son...
    a. de las tres y media hasta las seis   **b.** de las tres y media hasta las siete

_____ **32.** A tu abuela le gusta ver las noticias *(news)*. De lunes a viernes mira las noticias...
    a. a las diez de la mañana y a las cuatro de la tarde
    b. a las seis de la mañana y a las doce de la tarde

_____ **33.** El viernes, antes del Noticiero Venevisión, tienen...
    a. 24 horas   **b.** Alegre Despertar

SCORE [ ]

III. Culture

Maximum Score: 10 points

A. Read the statements below. Based on the information in your textbook, determine whether each statement is **a) true** or **b) false**. (6 points)

_____ **34.** It's possible to go snow-skiing in parts of South America in July.

_____ **35.** In Spanish-speaking countries, a child's godparents are considered a part of the family.

_____ **36.** If you looked for Francisco Javier López Aguilar in a phone book, you would look under **A**.

SCORE [   ]

B. Choose the best word or phrase to complete each sentence based on the information in your textbook. (4 points)

_____ **37.** Spain and Mexico . . .
a. both use the **peso** as currency
b. have different currencies
c. use the dollar as currency

_____ **38.** In Spanish-speaking countries, it's most common for a man and woman who are friends to greet each other with . . .
a. one or two kisses on the cheek
b. a hand shake
c. a hug

SCORE [   ]

IV. Writing
Maximum Score: 24 points

A. For each item below, write a complete sentence in Spanish telling how you would ask for or give the information indicated. (5 points)

How would you...

39. ask a friend what the new math teacher is like

_____

40. ask a classmate if he or she likes sports

_____

41. tell your mom or dad you don't want to eat because you don't like Italian food.

_____

42. ask what time it is

_____

43. ask a new friend how many people there are in his or her family

_____

SCORE [   ]

B. Answer the following questions in complete sentences. (4 points)

44. ¿Qué te gusta hacer los fines de semana?

_____

45. ¿Qué tiempo hace hoy?

_____

46. ¿De qué color son tus ojos?

_____

47. ¿De dónde eres?

_____

SCORE [   ]

C. Look at the drawing and then answer the questions below in complete Spanish sentences. (5 points)

48. Name at least three things that are in the bedroom.

_____

49. What is the girl in the living room doing?

_____

50. The woman in the kitchen is preparing a meal, but what two chores should she do next?

_____

51. What two things does the girl who is studying need to do? Her room's a mess!

_____

52. What's the weather like today?

_____

SCORE [＿＿＿＿]

D. Write a paragraph of at least five sentences about your school. Include the following elements: where your school is in relation to your house, what time your first class starts, what your favorite class is, what your best friends are like, and what you and your friends like to do after school. (10 points)

53. _____

_____

_____

_____

_____

_____

_____

_____

_____

_____

_____

_____

_____

_____

_____

_____

_____

_____

_____

_____

SCORE [   ]

TOTAL SCORE [   ] /100

I. Listening

A.   GLORIA   ¡Hola, Juan! ¿Qué tal?

JUAN   Bien, ¿y tú, Gloria?

GLORIA   Estoy bien. ¿Te gustan las clases nuevas?

JUAN   Sí. Mi clase favorita es la clase de inglés porque me gustan los idiomas. Y a ti, ¿te gustan tus clases?

GLORIA   Sí, más o menos, pero no me gusta la clase de francés porque es muy aburrida. Además, es demasiado temprano. Es a las ocho de la mañana.

JUAN   Oye, Gloria. No tengo reloj. ¿Qué hora es?

GLORIA   A ver... ya son las cuatro.

JUAN   Ay, estoy atrasado. Mi clase de baile es a las cuatro y media. Está muy lejos de aquí y necesito tomar el autobús.

GLORIA   ¡Date prisa! Nos vemos mañana.

B.   **6.**   ANA   Juanita, ¿qué clases tienes este semestre?

JUANITA   Tengo química, geometría, educación física, inglés, español y computación.

7.   FELIPE   Jorge, ¿ayudas mucho en casa?

JORGE   Claro, hombre. Pongo la mesa, saco la basura y corto el césped.

8.   DINORA   ¿Qué hacen ustedes después de clases?

SILVIA   Depende, pero muchas veces vamos a la piscina o montamos en bicicleta.

9.   MELVIN   Es un buen día para ir al parque a jugar al fútbol, ¿verdad?

ENRIQUE   No, Melvin. Hace frío y va a llover.

10.   SANDRA   ¿Cuántos hermanos tienes?

ERNESTO   Un hermano. No tengo una familia grande. Somos cuatro—mi mamá, mi papá y mi hermano mayor.

C. MERCEDES   ¿Cómo son mis amigos? A ver... Mi amiga Luisa es bonita, morena y muy activa. Le encanta bailar. Mario es alto y delgado. Le encanta jugar al baloncesto. Beto es guapo y moreno. Es un amigo muy divertido. Dolores tiene el pelo largo y es delgada. Le gusta descansar y hablar con amigos. Y Jaime, pues Jaime es mi mejor amigo. Es guapo y moreno. Todos los fines de semana montamos en bicicleta juntos.

Answers to Diagnostic Exam, Level 1A

I. Listening Maximum Score: 30 points

A. (10 points: 2 points per item)
1. c
2. a
3. b
4. c
5. a

B. (10 points: 2 points per item)
6. d
7. c
8. a
9. e
10. b

C. (10 points: 2 points per item)
11. d
12. b
13. a
14. e
15. c

II. Reading Maximum Score: 36 points

A. (8 points: 2 points per item)
16. a
17. b
18. b
19. a

B. (10 points: 2 points per item)
20. b
21. e
22. d
23. a
24. c

C. (10 points: 2 points per item)
25. c
26. b
27. a
28. e
29. d

D. (8 points: 2 points per item)
30 a
31. b
32. b
33. b

III. Culture Maximum Score: 10 points

A. (6 points: 2 points per item)
34. a
35. a
36. b

B. (4 points: 2 points per item)
37. b
38. a

IV. Writing Maximum Score: 24 points

A. (5 points: 1 point per item)
39. ¿Cómo es el/la nuevo(a) profesor(a) de matemáticas?
40. ¿Te gustan los deportes?
41. Mamá/Papá, no quiero comer porque no me gusta la comida italiana.
42. ¿Qué hora es?
43. ¿Cuántas personas hay en tu familia?
B. (4 points: 1 point per item) Answers will vary for numbers 44. to 47.
C. (5 points: 1 point per item) Answers will vary. Possible answers:
48. Hay unos carteles, un escritorio y una cama.
49. Habla por teléfono.
50. Debe lavar los platos y cuidar al gato.
51. Debe poner la ropa en el armario y hacer la cama.
52. Hace sol.
D. (10 points: 2 points per sentence) Answers will vary for number 53. Possible answers:
El colegio está cerca de mi casa. Mi primera clase es a las ocho y veinte.
Mi clase favorita es la biología. Mis amigos son simpáticos y divertidos. Después
de clases nos gusta ir a tomar un refresco.

¡VEN CONMIGO!

LEVEL 1B, LEVEL 1

DIAGNOSTIC TEST AND RUBRIC

Level 1B and Level 1
Diagnostic Test Scoring Rubric

This rubric is meant only as a guide. You may consider 70% passing; however, you should also consider the student's strengths and weaknesses in each of the skill areas before placement.

There are four sections on the exam that total 100 points. The scores below correspond to the number of correct items in each section. The number of items in each section that the student answers correctly tells you whether he or she should be in Level 1 or Level 2.

Listening Score (number of items correct)	Reading Score (number of items correct)	Culture Score (number of items correct)	Writing Score	Level
1–23	1–15	1–11	1–27	1B/1
24–30	16–20	12–15	28–35	2

To help you assess the writing portion of the Diagnostic Exam, you can use the following rubric.

Writing Assessment Rubric

Content	Uses the appropriate vocabulary for the topic.	(Excellent) 5 4 3 2 1 (Poor)
Comprehensibility	Reader can understand what the writer is trying to communicate.	(Excellent) 5 4 3 2 1 (Poor)
Accuracy	Uses language correctly, including grammar, word order, spelling and punctuation.	(Excellent) 5 4 3 2 1 (Poor)
Organization	Writing is logical and effective.	(Excellent) 5 4 3 2 1 (Poor)
Risk-taking, Intuition	Communicates with creativity, extension, applies rules of language to write clearly	(Excellent) 5 4 3 2 1 (Poor)

Diagnostic Exam: Level 1B, Level 1

I. Listening

Maximum Score: 30 points

A. Listen as Jorge and Marta talk about their vacation plans. Then based on their conversation, choose the best answer to each question. (5 points)

_____ 1. ¿Qué piensa hacer Marta?
   a. viajar a Puerto Rico
   b. viajar a América del Sur

_____ 2. ¿Adónde va a ir Jorge?
   a. a ningún lugar
   b. a Rio de Janeiro

_____ 3. ¿Qué piensa comprar Marta?
   a. una chaqueta y botas de cuero
   b. unos esquís y una tienda de camping

_____ 4. ¿Qué les gustaría hacer a los padres de Marta?
   a. tomar el sol
   b. hacer turismo

_____ 5. ¿Qué le gustaría hacer a la hermana de Marta?
   a. bajar el río en canoa
   b. escalar montañas

SCORE [   ]

B. Listen to the following statements and decide if they are **a) logical** or **b) illogical**. (10 points)

_____ 6.   _____ 11.

_____ 7.   _____ 12.

_____ 8.   _____ 13.

_____ 9.   _____ 14.

_____ 10.   _____ 15.   SCORE [   ]

C. Listen to the following morning announcements at the Centro Unión high school. Decide if the following events **a) have already taken place** or **b) are going to happen**. (10 points)

_____ 16.   _____ 21.

_____ 17.   _____ 22.

_____ 18.   _____ 23.

_____ 19.   _____ 24.

_____ 20.   _____ 25.   SCORE [   ]

D. Today is a very busy day in the downtown commercial area of the city. Listen to the following conversations and decide in which of the stores they are taking place. (5 points)

_____ 26.

_____ 27.

_____ 28.

_____ 29.

_____ 30.

a. Pastelería La Concha
b. Joyería La Perla
c. Florería Rosas Rojas
d. Dulcería El Cacahuate
e. Zapatería El Taconcito

SCORE [   ]

II. Reading

Maximum Score: 20 points

A. Read the following questions and select the best answer to each one. (5 points)

_____ 31. ¿Qué te parece si invitamos a Juan a la fiesta?

_____ 32. ¿Crees que hay bastante comida?

_____ 33. ¿Crees que mandamos bastantes invitaciones?

_____ 34. ¿Qué te parece si le pedimos a Jorge sus discos compactos?

_____ 35. ¿Daniel va a traer los refrescos?

a. Perfecto. Él tiene muy buena música.
b. Creo que sí porque él fue al supermercado por la mañana.
c. Creo que sí porque Renato y Patricia prepararon mucho arroz con pollo.
d. ¡Buena idea! Él toca muy bien la guitarra.
e. ¡Claro que sí! Todos los amigos de la escuela recibieron una.

SCORE [   ]

B. Find the best answer to each of the following questions. (5 points)

_____ 36. ¿Me haces el favor de llamar a Manuel?

_____ 37. ¿Me ayudas a limpiar mi cuarto?

_____ 38. ¿Me traes una silla?

_____ 39. ¿Me ayudas con los regalos?

_____ 40. ¿Me ayudas a decorar la sala?

a. ¡Con mucho gusto! Y luego tú me ayudas a limpiar el mío.
b. Sí, hombre. ¿Tienes los globos?
c. Claro que sí. ¿Cuál es su número de teléfono?
d. Lo siento, pero no puedo. Me duele mucho la espalda.
e. ¿Dónde los ponemos, en la sala o en el patio?

SCORE [   ]

C. Read these tips about controlling stress. Then look at the following statements about several students and decide if each one is following the article's advice. Using only the information in the article, choose **a) if the student seems to be doing a good job of managing stress** or **b) if the student's habits could be improved.** (5 points)

7 Claves para manejar el ESTRÉS

1 Comer por lo menos una comida balanceada al día. La nutrición es esencial para una buena salud y proporciona defensas contra el estrés.

2 Dormir por lo menos 8 horas cada noche. Un sueño apropiado puede añadir años de vida. Trate de acostarse y levantarse a la misma hora.

3 Hacer ejercicio, por lo menos 3 veces por semana. Busque una actividad divertida, como montar en bicicleta, caminar o nadar.

4 No debe tomar demasiada cafeína. Puede producir irritabilidad, dolor de cabeza, ansiedad y depresión.

5 Salir y cultivar sus amistades. Tener amigos ayuda a mantener en alto la auto-estima.

6 Organizar su tiempo. Planee su uso y empléelo.

7 Conservar una actitud positiva: las personas optimistas tienen menos problemas mentales y físicos.

Adaptation from "17 Claves para manejar el Estrés" (Retitled: "7 Claves para manejar el Estrés") from *Bienestar*, no. 9. Copyright © by *Colsanitas*. Reprinted by permission of the publisher.

_____ **41.** Ana Luisa hace ejercicio los fines de semana.

_____ **42.** Javier tiene muchos amigos, pero Fabio es un amigo muy especial que lo ayuda mucho con sus problemas.

_____ **43.** ¡Qué chico tan organizado es Pepe! Siempre sabe exactamente lo que va a hacer y cuándo lo va a hacer.

_____ **44.** Rosana es una amiga muy buena, pero me parece que siempre piensa en cosas negativas.

_____ **45.** Nora nunca desayuna pero compra un almuerzo balanceado todos los días.

SCORE [ ]

D. Carlos has had a terrible day. Read the following entry in his diary and decide if the statements below are **a) true** or **b) false**. (5 points)

jueves 2 de abril

Querido diario:

Hoy fue un día horrible. Le hice cuatro invitaciones a Elisa y ella me contestó que no a todas. Primero, la invité a ir al partido de fútbol conmigo mañana, y ella respondió: "¡Qué lástima! Ya tengo planes. Tal vez otro día". Luego, la invité al cine el sábado y me contestó: "Lo siento, pero tengo una cita con Pablo". Después la invité a comer pizza esta tarde y me dijo: "Me gustaría, pero no puedo. Estoy cansada y tengo sueño". Luego, la invité a ir al museo el domingo, y ella me dijo: "Lo siento, pero tengo que estudiar álgebra". Finalmente, ella me invitó a jugar al voleibol la próxima semana, ¡pero no puedo! Voy a estar en San Antonio para jugar en el campeonato de béisbol.

_____ **46.** Carlos invitó a Elisa a comer pizza hoy.

_____ **47.** Elisa tiene una cita con Pablo el sábado.

_____ **48.** Elisa ya tiene planes para mañana.

_____ **49.** Elisa no quiere ir al museo porque tiene que estudiar álgebra.

_____ **50.** Finalmente Carlos y Elisa deciden ir a un partido de béisbol.

SCORE [＿＿＿]

III. Culture

Maximum Score: 15 points

A. Read the following descriptions and indicate whether the person is more likely to be from **a) the United States** or **b) a Spanish-speaking country**. (5 points)

_____ 51. Gloria buys everything in a large supermarket.

_____ 52. Andrea's family eats a very light supper.

_____ 53. Carolina uses **pesos** when shopping.

_____ 54. Daniel drives his car everywhere.

_____ 55. David thinks soccer is more important than football.

SCORE [   ]

B. Are the following statements **a) true** or **b) false**? (5 points)

_____ 56. Students in Latin American schools are provided with all books and supplies.

_____ 57. People in Spanish-speaking countries often celebrate their saint's day in addition to their birthday.

_____ 58. Some monetary units in Latin America are named after Spanish explorers.

_____ 59. Many girls in Spanish-speaking countries have a big celebration on their fifteenth birthday.

_____ 60. Baseball is the national sport in Spain and in Mexico.

SCORE [   ]

C. Choose the most appropriate answer to complete each statement below. (5 points)

_____ 61. Families in Spanish-speaking countries often do not have cars because _____.
   a. public transportation is convenient and inexpensive
   b. they are usually more expensive
   c. a and b

_____ 62. Religious and public celebrations in Spanish-speaking countries are often _____.
   a. closely related
   b. very different
   c. neither of the above

_____ 63. Many Spanish-speaking baseball players in the U.S. come from _____.
   a. Spain
   b. Chile
   c. Puerto Rico

_____ 64. Spain's **paradores**, or inns, are usually _____.
   a. new hotels
   b. old castles and convents
   c. new palaces

_____ 65. In Venezuela, you pay your bills with _____.
   a. pesos
   b. bolívares
   c. colones

SCORE [   ]

IV. Writing

A. Imagine that you're studying for a year in a Spanish-speaking country. How would you ask for the following information? Write a complete question for each topic. (10 points)

How would you . . . ?

66. ask your computer science teacher what his name is

_____

67. ask a new friend where she or he is from

_____

68. ask a group of schoolmates what they're going to do after class today

_____

69. ask someone on campus to tell you where the library is

_____

70. politely ask a bystander what time it is

_____

SCORE ☐

B. The family you're staying with while studying in a Spanish-speaking country often asks you questions. Write a complete sentence to answer each question below. (10 points)

71. ¿Qué regalos piensas comprar para tu familia?

_____

_____

72. ¿Qué te gusta tomar para el almuerzo?

_____

_____

73. ¿Qué te gustaría hacer este fin de semana?

_____

_____

74. ¿Adónde fuiste ayer? Te llamé a las cuatro.

_____

_____

75. ¿Qué te gustaría hacer para las vacaciones este año? ¿Por qué?

_____

_____

SCORE [   ]

C. Now that you've been living in Pueblo Nuevo for a while, you know your way around better than most foreigners. Imagine that you're standing at the spot marked with an X. Help the newer visitors by completing the directions to the places they're looking for. (5 points)

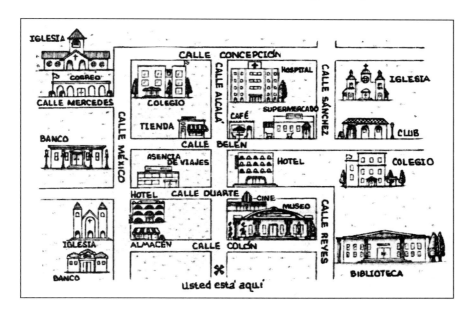

76. ¿La tienda? No, no queda lejos. Está a dos _____ de aquí.

77. Sí, señorita, el correo _____ en la calle Mercedes.

78. Mire, señor, la biblioteca está muy _____ de aquí.

79. Sí, el supermercado está _____ del café.

80. ¿El colegio? Pues, está un poco _____ de aquí, en la Calle Concepción.

SCORE [   ]

D. Write a paragraph in Spanish describing your dream vacation. Make sure that you include the following elements: where you want to go and why, who you want to go with, and several things you plan to do there. Be creative! (10 points)

81. _____

_____

_____

_____

_____

_____

_____

_____

SCORE ☐

TOTAL SCORE ☐ /100

I. Listening

A.

JORGE	Hola, Marta. ¿Cómo estás?
MARTA	Estupendo, ¿y tú?
JORGE	Muy bien. Oye, ¿qué piensas hacer durante las vacaciones de verano?
MARTA	Pienso viajar a América del Sur con mi familia. Nos gustaría visitar Brasil, Argentina y Chile. ¿Y tú? ¿Qué vas a hacer este verano?
JORGE	Me gustaría viajar a Puerto Rico para visitar a mis abuelos, pero no puedo. Tengo que trabajar mucho. Voy a trabajar en el Almacén García. Oye, tú vas a necesitar ropa para tu viaje, ¿no?
MARTA	Sí, en América del Sur es invierno ahora y hace mucho frío en Chile y Argentina. Pienso comprar una chaqueta nueva y unas botas de cuero.
JORGE	Maravilloso. Hay muchas gangas en el Almacén García y yo te puedo ayudar a encontrar cosas baratas. Pero en Brasil no va a hacer mucho frío, ¿verdad?
MARTA	No. Además, pienso ir a la playa a tomar el sol y al Amazonas a bajar el río en canoa. A mis padres les gustaría hacer turismo en Rio de Janeiro y a mi hermana le gustaría escalar montañas. Por eso vamos a los Andes en Chile.
JORGE	Entonces, ¿también vas a comprar ropa para la playa?
MARTA	¡Claro! Un traje de baño nuevo, unas sandalias y unos lentes de sol.
JORGE	Muy bien, Marta. ¿Te gustaría ir al Almacén García con toda tu familia?
MARTA	Por supuesto, Jorge. Nos encantan las gangas. Chao.
JORGE	Hasta pronto.

B.

6. Tengo que lavarme los dientes antes de comer.
7. ¿Me puede traer una decoración para el almuerzo?
8. ¡Tengo mucha sed! ¿Me puede traer el pan dulce?
9. Quisiera huevos con tocino para el desayuno.
10. ¡Uuy, qué frío! Me gustaría tomar un chocolate caliente.
11. Camarero, ¿me puede traer el menú?
12. ¿Te gustaría un flan para el postre?
13. ¡Tengo mucha hambre! Quisiera un café con leche, por favor.
14. Son dos galletas de propina.
15. ¡Los frijoles están deliciosos!

C. 16. Ayer, los estudiantes del 301 celebraron los quince años de Socorro Martínez. El baile terminó hasta la media noche.

17. Los estudiantes de la clase de deportes van a ir a escalar la Montaña Encantada en el mes de julio.

18. La señorita María Moliner va a ir de vacaciones a España. A partir de mañana, no hay clases de español.

19. Ayer, los Ticos de San José no jugaron al béisbol porque estudiaron para el examen de geografía.

20. Mañana, María Ferreti va a dar una clase de literatura argentina en el Salón 201 a las tres de la tarde.

21. El mes pasado, todos los estudiantes del Centro Unión celebraron el aniversario de su escuela.

22. En mayo, la cafetería de la escuela no va a servir limonadas. Sólo jugos de naranja y de mango.

23. Mañana inician las clases especiales de álgebra del profesor Rodríguez.

24. La semana pasada, los estudiantes de fotografía fueron a la fiesta de aniversario del profesor Cuartoscuro.

25. El domingo pasado, los Huracanes de Barcelona ganaron el partido de fútbol contra los Bombones de Madrid.

D. 26. —Son cincuenta dólares.
   —¡Cincuenta dólares por un collar! ¡Es un robo!

27. —¡Estas flores rojas son preciosas! ¿Tú crees que le gusten a mamá?
   —¡Claro! Estas flores y una tarjeta la van a hacer feliz el Día de las Madres.

28. —¡Qué zapatos tan bonitos! ¡Te quedan muy bien!
   —Y además, ¡son muy baratos!

29. —Señorita, ¿me puede decir el precio de este pastel de fresa?
   —Lo siento, pero ese pastel es para una fiesta de cumpleaños. ¿Le gustaría un pastel de chocolate?

30. —¡Me encantan los chocolates!
   —Pero yo prefiero los dulces.

I. Listening Maximum Score: 30 points

A. (5 points: 1 point per item)
1. b
2. a
3. a
4. b
5. b

B. (10 points: 1 point per item)
6. b
7. b
8. b
9. a
10. a
11. a
12. a
13. b
14. b
15. a

C. (10 points: 1 point per item)
16. a
17. b
18. b
19. a
20. b
21. a
22. b
23. b
24. a
25. a

D. (5 points: 1 point per item)
26. b
27. c
28. e
29. a
30. d

II. Reading Maximum Score: 20 points

A. (5 points: 1 point per item)
31. d
32. c
33. e
34. a
35. b

B. (5 points: 1 point per item)
36. c
37. a
38. d
39. e
40. b

C. (5 points: 1 point per item)
41. b
42. a
43. a
44. b
45. a

D. (5 points: 1 point per item)
46. a
47. a
48. a
49. a
50. b

III. Culture Maximum Score: 15 points

A. (5 points: 1 point per item)
51. a
52. b
53. b
54. a
55. b

B. (5 points: 1 point per item)
56. b
57. a
58. a
59. a
60. b

C. (5 points: 1 point per item)
61. c
62. a
63. c
64. b
65. b

IV. Writing Maximum Score: 35 points

A. (10 points: 2 points per item)
66. ¿Cómo se llama usted?
67. ¿De dónde eres?
68. ¿Qué van a hacer ustedes hoy después de clase?
69. ¿Me puede(s) decir dónde queda/está la biblioteca?
70. ¿Qué hora es, por favor?

B. (10 points: 2 points per item) Answers will vary. Possible answers:
71. Pienso comprar una blusa para mi mamá y un cinturón de cuero para mi papá.
72. Me gusta tomar sopa con una ensalada o un sándwich para el almuerzo.
73. Tengo ganas de ver una película o cenar en un restaurante.
74. Fui a las canchas y jugué al tenis con Pedro.
75. Me gustaría ir a Colorado porque me encanta escalar montañas y acampar.

C. (5 points: 1 point per item)
76. cuadras
77. queda/está
78. cerca
79. al lado
80. lejos

D. (10 points) Answers will vary for item 81.

¡Ven conmigo!

Level 2 Diagnostic Test and Rubric

Level 2 Diagnostic Test Scoring Rubric

This rubric is meant only as a guide. You may consider 70% passing; however, you should also consider the student's strengths and weaknesses in each of the skill areas before placement.

There are four sections on the exam that total 100 points. The scores below correspond to the number of correct items in each section. The number of items in each section that the student answers correctly tells you whether he or she should be placed in Level 2 or Level 3.

Listening Score (number of items correct)	Reading Score (number of items correct)	Culture Score (number of items correct)	Writing Score	Level
1–23	1–23	1–7	1–23	2
24–30	24–30	8–10	24–30	3

To help you assess the writing portion of the Diagnostic Exam, you can use the following rubric.

Writing Assessment Rubric

Content	Uses the appropriate vocabulary for the topic.	(Excellent) 5 4 3 2 1 (Poor)
Comprehensibility	Reader can understand what the writer is trying to communicate.	(Excellent) 5 4 3 2 1 (Poor)
Accuracy	Uses language correctly, including grammar, word order, spelling and punctuation.	(Excellent) 5 4 3 2 1 (Poor)
Organization	Writing is logical and effective.	(Excellent) 5 4 3 2 1 (Poor)
Risk-taking, Intuition	Communicates with creativity, extension, applies rules of language to write clearly	(Excellent) 5 4 3 2 1 (Poor)

Diagnostic Exam: Level 2

I. Listening

Maximum Score: 30 points

A. Listen as Joanna describes her family. For each description you will respond twice. First, indicate whether Joanna is **a) describing what someone is like today**, or **b) what someone used to be like in the past** (items 1, 3, 5, 7, and 9). Second, indicate whether Joanna's description of each person is **c) favorable** or **d) unfavorable** (items 2, 4, 6, 8, and 10). (10 points)

1. a   b   3. a   b   5. a   b   7. a   b   9. a   b

2. c   d   4. c   d   6. c   d   8. c   d   10. c   d   SCORE [   ]

B. Listen as Lupe gives various people instructions on how to get to various places in town. First find Lupe's house on the map. Then, based on her instructions, determine where each person is trying to get to. (5 points)

a.
Café Español

Calle Leñeros

Avenida Turista

Calle Ancha

Avenida Grande

Avenida Cometín

b.
Museo de Arte

Calle Buena

Hotel Dineral

c.

Almacén Las Ofertas

d.

casa de Lupe

e.

N

_____ 11.   _____ 12.   _____ 13.   _____ 14.   _____ 15.   SCORE [   ]

C. You can't decide what radio station to listen to. As you scan the various stations, you hear the following. For each one, indicate what kind of discussion is taking place. Choose from the possibilities listed below. (5 points)

_____ 16.

_____ 17.

_____ 18.

_____ 19.

_____ 20.

a. bargaining in an open-air market
b. a debate on environmental issues
c. a conversation at the tourist bureau
d. a fairy tale
e. a weather report

SCORE [   ]

D. Listen to Federico proofread a letter to his pen pal Marcos. For each item below, indicate whether it **a) is happening now**, **b) happened once in the past**, **c) used to happen regularly in the past**, or **d) is going to happen in the future**. (10 points)

_____ **21.** ir a la playa a nadar

_____ **22.** salir con mis amigos

_____ **23.** asistir a la escuela Santa Iglesias

_____ **24.** graduarme

_____ **25.** visitar al tío Juan José

_____ **26.** visitar muchos museos

_____ **27.** escuchar un concierto

_____ **28.** viajar a Buenos Aires con su familia

_____ **29.** reunirnos

_____ **30.** dar un saludo

SCORE _____

II. Reading

Maximum Score: 30 points

E. Read the following article and choose the best ending for each statement. (5 points)

DIA DE LAS MASCARAS

Puerto Rico tiene más celebraciones que cualquier otra isla caribeña. Uno de los festivales más interesantes es el Día de las Máscaras. Este festival alegre y colorido se celebra cada 28 de diciembre en el pequeño pueblo de Hatillo. Los adultos se ponen disfraces y marchan por todo el pueblo. Por la tarde, todos se reúnen en la plaza para celebrar, escuchar la música y ver los desfiles. Gente de todas partes de Puerto Rico llega a Hatillo para participar en esta fiesta ruidosa. Definitivamente, el lugar adonde se debe ir el 28 de diciembre es Hatillo.

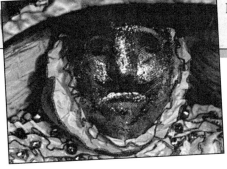

_____ **31.** Este festival tiene lugar _____.
  a. en las montañas de la América Central
  b. cerca de la Argentina
  c. en una isla caribeña

_____ **32.** Durante esta celebración _____.
     a. la gente se pone disfraces y marcha por las calles
     b. la gente marcha hasta el mar para nadar
     c. se ponen disfraces serios

_____ **33.** Se celebra el Día de las Máscaras _____.
     a. en la época de la Navidad
     b. justo después de la Pascua
     c. el segundo jueves en el mes de diciembre

_____ **34.** Durante este festival _____.
     a. Hatillo es un buen sitio para descansar y disfrutar del silencio caribeño
     b. hay mucha gente y ruido en las calles
     c. Hatillo deja participar solamente a los ciudadanos del pueblo

_____ **35.** El Día de las Máscaras _____.
     a. es el festival más grande de todo Puerto Rico
     b. es el único festival en el mes de diciembre en Hatillo
     c. es uno de muchos festivales puertorriqueños

SCORE ☐

F. Adriana overhears parts of many conversations during the day. Read each conversation fragment, and identify the correct response to each statement or question. (5 points)

_____ **36.** Con permiso, ¿me puede atender, por favor?
     a. Claro, ¿cómo le puedo servir?
     b. Lo siento, no nos quedan en esa talla.

_____ **37.** Cuando eras niña, ¿te gustaba ir al colegio?
     a. Sí, me encantaba. Siempre me llevaba bien con mis compañeros.
     b. Bueno, en aquella época, era muy tímida y solitaria. ¿Y tú?

_____ **38.** Buenos días, señor. ¿Cuánto vale este sombrero?
     a. Pues, no está muy de moda. Además, le queda grande.
     b. A usted se lo dejo por veinticinco dólares.

_____ **39.** Creo que es muy importante reciclar papel para salvar los árboles.
     a. Sí, los árboles son un recurso natural muy importante y nos toca a nosotros protegerlos.
     b. Si no dejamos de contaminar los ríos y mares, muchas especies marinas van a desaparecer.

_____ **40.** Oye, ¿qué noticias tienes de Pedro?
     a. ¡No me digas! ¡Qué bien! Dale un saludo de mi parte.
     b. No lo vas a creer, pero se casó con su novia en junio.

SCORE ☐

G. Read the article and decide whether the following statements are a) true or b) false. Answer c) if there is not enough information. (10 points)

¡A REFORESTAR!
AMIGOS DE SANTA ANA

El Grupo Juvenil Bahá'í realizó un proyecto de reforestación el pasado 4 de julio en el Instituto Juvenil Charles Wolcott, situado en Lagos de Lindora en Santa Ana, Costa Rica.

La actividad contó con la asistencia de 28 jóvenes, quienes estuvieron bajo la supervisión del Biólogo Javier Sánchez de la Asociación CODECE (Conservación y el desarrollo de los cerros de Escazú). El Sr. Sánchez dio una explicación de la importancia de conservar los recursos naturales.

Posteriormente se procedió a sembrar los árboles, trabajo que los participantes realizaron con mucho entusiasmo.

En total se sembraron aproximadamente 50 árboles y se piensan sembrar cerca de cincuenta árboles más.

Excerpt from "¡A Reforestar! Amigos de Santa Ana" from *Cedral,* año 1, no.4, September/October 1992. Copyright © 1992 by **CODECE**. Reprinted by permission of the publisher.

_____ 41. The youth group worked on their project during the summer.

_____ 42. **El Instituto Juvenil Charles Wolcott** is located in South America.

_____ 43. The young people who participated were from the United States and Costa Rica.

_____ 44. Javier Sánchez is the young man who planted the most trees.

_____ 45. Javier Sánchez is a biologist who works on conservation projects.

_____ 46. The group planted four different kinds of trees.

_____ 47. According to the author of the article, the group members worked enthusiastically.

_____ 48. **CODECE** is the oldest environmental association in Central America.

_____ 49. The group plans to plant trees in Mexico next summer.

_____ 50. Altogether, the youth group hopes to plant 100 trees.

SCORE

H. Using the reading as a guide, choose the ending that best completes the sentence. (5 points)

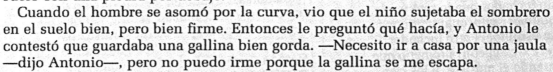

Antonio y el ladrón

*Aquí tienes la primera parte de un cuento del folklore chileno.
El narrador cuenta cómo un niño usa su inteligencia para evitar
un robo. ¿Puedes imaginarte cómo continúa el cuento?*

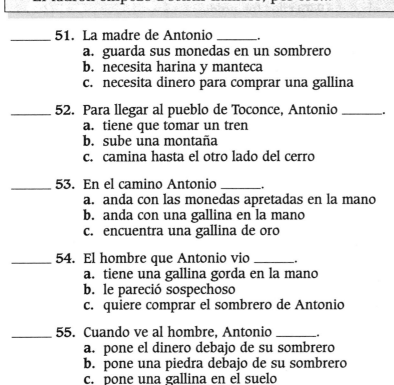

É rase una vez un niño llamado Antonio que estaba jugando en el patio de su casa cuando vino su mamá y le dijo:
—¡Oye, Toño!, anda al pueblo a comprar harina y manteca que ya no hay —y le pasó un montón de monedas.

Antonio guardó las monedas, se puso el sombrero y salió para Toconce, un pueblo que quedaba justo al otro lado del cerro. Mientras caminaba, apretaba el dinero con la mano.

Iba muy alegre por el camino cuando de repente vio que un hombre lo seguía. El hombre presentaba un aspecto sospechoso, así que Antonio, aprovechando una curva del camino, se paró, se quitó el sombrero y lo puso en el suelo con una piedra por debajo.

Cuando el hombre se asomó por la curva, vio que el niño sujetaba el sombrero en el suelo bien, pero bien firme. Entonces le preguntó qué hacía, y Antonio le contestó que guardaba una gallina bien gorda. —Necesito ir a casa por una jaula —dijo Antonio—, pero no puedo irme porque la gallina se me escapa.

El ladrón empezó a sentir hambre, por eso...

_____ 51. La madre de Antonio _____.
  a. guarda sus monedas en un sombrero
  b. necesita harina y manteca
  c. necesita dinero para comprar una gallina

_____ 52. Para llegar al pueblo de Toconce, Antonio _____.
  a. tiene que tomar un tren
  b. sube una montaña
  c. camina hasta el otro lado del cerro

_____ 53. En el camino Antonio _____.
  a. anda con las monedas apretadas en la mano
  b. anda con una gallina en la mano
  c. encuentra una gallina de oro

_____ 54. El hombre que Antonio vio _____.
  a. tiene una gallina gorda en la mano
  b. le pareció sospechoso
  c. quiere comprar el sombrero de Antonio

_____ 55. Cuando ve al hombre, Antonio _____.
  a. pone el dinero debajo de su sombrero
  b. pone una piedra debajo de su sombrero
  c. pone una gallina en el suelo

Excerpt from "Antonio y el ladrón" by Saul Schkolnik from *Cuentos de enredos y travesuras.* Copyright © 1986 by CERLALC **(Proyecto Coedición Latinoamericana de Libros para niños).** Published by Editorial Piedra Santa, Guatemala City, Guatemala; Editorial Peisa, Lima, Perú; and Editorial Andrés Bello, Santiago, Chile. Reprinted by permission of UNESCO.

SCORE

I. Refer to the reading in Activity H and answer the following questions. (5 points)

_____ 56. ¿Por qué necesita la mamá de Antonio harina y manteca?
    a. Porque ya no hay en casa.
    b. Porque piensa hacer una torta para el cumpleaños de Antonio.
    c. Porque va a cocinar la gallina esta noche.

_____ 57. ¿Por qué se puso nervioso Antonio en el camino?
    a. Perdió el dinero que le había dado su mamá.
    b. El camino tenía muchas curvas y no lo conocía bien.
    c. Lo seguía un hombre sospechoso.

_____ 58. ¿Qué pasó cuando el hombre se asomó por (*came around*) la curva?
    a. Antonio le pegó con su sombrero.
    b. De repente Antonio empezó a correr hacia el pueblo.
    c. El hombre le preguntó a Antonio qué hacía.

_____ 59. ¿Por qué pone una piedra debajo de su sombrero?
    a. Para engañar (*to trick*) al hombre sospechoso.
    b. Para hacer caer al hombre.
    c. Para sentarse en el suelo.

_____ 60. ¿Por qué dice Antonio que tiene que regresar a su casa?
    a. Dice que se le olvidó el dinero.
    b. Dice que necesita una jaula para la gallina.
    c. Dice que se le escapó la gallina que iba a vender.

SCORE ☐

III. Culture

Maximum Score: 10 points

J. Answer the questions or complete the sentences according to what you have learned about culture in Spanish-speaking countries. (5 points)

_____ 61. The three cultures represented in the **Plaza de las Tres Culturas** in Mexico City are _____.
    a. Aztec, pre-Columbian, colonial
    b. Aztec, colonial, modern
    c. Mayan, Aztec, colonial

_____ 62. Which of the following would you not expect to find if you were shopping in a traditional clothing store in a Spanish-speaking country?
    a. a sales clerk
    b. items behind a closed counter
    c. self-service

_____ 63. A man shopping in a Spanish-speaking country asks for the following sizes for himself: **Camisa—13, Trajes—44, Zapatos—40.** These sizes are measured in _____.
    a. inches
    b. centimeters
    c. kilometers

_____ 64. Which of the following might you find in a city in a Spanish-speaking country?
    a. ruins that date back thousands of years
    b. modern buildings and shopping malls
    c. both **a** and **b**

_____ **65.** In general, festivals in the Spanish-speaking world _____.

    a. are always religious, originating from the Catholic church

    b. always celebrate indigenous cultures

    c. combine religion, indigenous culture, and politics

SCORE [_____]

K. Read the following statements. Based on what you have learned, choose **a)** if the statement is true or **b)** if it is false. (5 points)

_____ **66.** Many people in Spanish-speaking countries buy fresh fruit and vegetables at open-air markets.

_____ **67.** José Clemente Orozco is a famous Hispanic baseball player.

_____ **68.** Pollution in Tijuana, Mexico is not a concern of the residents of San Diego, California.

_____ **69.** Bargaining is an acceptable way to shop in any store in Latin America.

_____ **70.** The **Fundación Vida Silvestre Argentina** is a program designed to promote public awareness of endangered species.

SCORE [_____]

IV. Writing

Maximum Score: 30 points

L. Imagine you are on an ecotour vacation in a Spanish-speaking country. Write about one environmental problem you noted, two consequences, and two solutions for the problem. (10 points)

71.

_____

_____

_____

_____

_____

_____

_____

_____

_____

_____

_____

_____

_____

_____

SCORE [_____]

M. Read the following story excerpts and write two sentences for each that could continue the story. (8 points)

72. Eran las once de la noche, la luna estaba llena y hacía mucho viento. Yo estaba en la cama leyendo un libro.

_____

_____

_____

73. Érase una vez un tigre que era el rey de la selva. No había otro animal más noble o fuerte. Un día, vino a la selva un loro muy hermoso e inteligente, y él quería ser el rey de la selva.

_____

_____

_____

SCORE [____]

N. You are listening to a debate about social issues. Respond to the following statements by agreeing or disagreeing with them. If you agree with the statement, say why you do. If you disagree, offer an alternative idea. (12 points)

74. En mi opinión, el mundo es mucho mejor que hace cincuenta años.

_____

_____

_____

75. Me parece que les toca solamente a las compañías grandes proteger el medio ambiente.

_____

_____

_____

76. Creo que es más importante cuidar a los seres humanos que proteger a los animales.

_____

_____

_____

SCORE [____]

TOTAL SCORE [____] /100

Listening Scripts *for* Diagnostic Exam, Level 2

I. Listening
A. 1. Mi familia es bien grande. Mi papá se llama Mario. Lo quiero mucho. Es muy alto y muy talentoso. Es un músico profesional. Toca la guitarra.

3. Me acuerdo que mi mamá era muy cariñosa. Le encantaba ir a la playa con nosotros. La echo mucho de menos.

5. Éstos son mis hermanos Marco y Pablo. Cuando eran jóvenes, jugaban al béisbol en la escuela. Les gustaban mucho los deportes. De niños, siempre peleábamos, pero nos queríamos mucho.

7. Mi tío Santos es muy gracioso. Vive en Cuernavaca. Me gusta mucho ir a visitarlo. Siempre quiere salir a comer con nosotros. Su hijo Martín es mi primo favorito.

9. En cambio, mi tía Graciela no me cae muy bien. Parece que nunca está contenta. También es muy aburrida. Nunca quiere sino quedarse en casa para ver la televisión.

B. 11. Bueno, eso queda muy lejos de mi casa. Primero, tome la calle Buena hasta llegar a la avenida Grande. Doble a la derecha y siga derecho. Cuando usted llegue a la calle Leñeros, doble a la izquierda. Siga derecho hasta la avenida Turista. Entonces el edificio queda a la derecha.

12. Desde mi casa es muy fácil de encontrar. Suba por la calle Buena hasta la avenida Cometín. Allí doble a la derecha y camine una cuadra. El edificio está en la esquina.

13. A ver, está en la misma calle que mi casa. Baje por la calle Buena hacia el oeste. Cuando llegue a la avenida Turista, el edificio está a la izquierda.

14. Comenzando en el Café Español, baje por la avenida Turista hacia el sur. Al llegar a la calle Buena, doble a la izquierda hasta la avenida Cometín. Allí doble a la derecha. El edificio está a su izquierda. No se puede perder.

15. Bueno, si estás en la esquina de la calle Leñeros y la avenida Turista, sube por la calle Leñeros hacia el este, hasta llegar a la avenida Grande. Allí dobla a la derecha. Está en el cruce de la calle Buena y la avenida Grande.

C. 16. ...un día las hijas se encontraron con un enano. El enano les dio tres deseos. La hermana menor, sin pensarlo bien, pidió una manzana. Entonces la hermana mayor quedó tan enfadada por el deseo tan tonto que pidió que la manzana se pegara a la nariz de su hermana. En fin, a causa de ser tan malas tuvieron que gastar su último deseo en quitarle la manzana a la nariz de la hermana...

17. —¿...las manzanas?
—Son veinte pesos el kilo.
—¿En cuánto las deja?
—Bueno, se las regalo por diecio...

18. ...un día muy bonito. Va a estar muy soleado después de estar un poco nublado por la mañana. Pero mañana si piensan ir a la playa, deben llevar paraguas porque va a llover todo el día. También va a llegar una masa de aire frío así que va a estar un poco más frí...

19. —...evitar esos problemas, tenemos que conservar energía. También tenemos que aprender a manejar menos y caminar más.
—Así es la cosa, pero el problema es que nuestras ciudades están construidas para el carro y no para el pea...

20. —¿...podría decirme dónde está el hotel Gran Escena?
—Sí, está en el cruce de la avenida Grande y la calle Puentes. Suba por esta calle afuera hacia la izquierda y cuando llegue a la calle Grande, doble a la derecha. El hotel está allí. No se puede per...

D. Querido Marcos,

Muchas gracias por tu carta. ¡Déjame contarte algo acerca de mí! Tengo 17 años y soy de Valparaíso, Chile, donde nací. Cuando era niño, me gustaba mucho ir a la playa a nadar.

Estos días prefiero salir con mis amigos a dar un paseo en el parque o tomar algo en un café.

Asisto a la escuela Santa Iglesias y pienso graduarme dentro de unos meses. Estoy muy ansioso. ¿Cuándo vas a graduarte tú? Oye, me gustaría mucho poder reunirme contigo algún día. El año pasado estuve en tu ciudad por una semana. Me gustó mucho. Fui a visitar a mi tío Juan José. Él vivía en Buenos Aires en aquel entonces.

Tu ciudad es muy bonita. Mientras estaba, visité muchos museos. También escuché un concierto de la orquesta. Creo que mi familia y yo vamos a viajar allí este verano. Cuando lleguemos a Buenos Aires, vamos a reunirnos. ¿De acuerdo? Bueno, sin más, te doy un saludo. ¡Escríbeme cuando puedas!
Tu amigo,
Fede

Answers to Diagnostic Exam, Level 2

I. Listening Maximum Score: 30 points

A. (10 points: 1 point per item)
1. a
2. c
3. b
4. c
5. b
6. c
7. a
8. c
9. a
10. d

B. (5 points: 1 point per item)
11. a
12. b
13. c
14. e
15. d

C. (5 points: 1 point per item)
16. d
17. a
18. e
19. b
20. c

D. (10 points: 1 point per item)
21. c
22. a
23. a
24. d
25. b
26. b
27. b
28. d
29. d
30. a

II. Reading Maximum Score: 30 points

E. (5 points: 1 point per item)
31. c
32. a
33. a
34. b
35. c

F. (5 points: 1 point per item)
36. a
37. a
38. b
39. a
40. b

G. (10 points: 1 point per item)
41. a
42. b
43. c
44. b
45. a
46. c
47. a
48. c
49. c
50. a

H. (5 points: 1 point per item)
51. b
52. c
53. a
54. b
55. b

I. (5 points: 1 point per item)
56. a
57. c
58. c
59. a
60. b

III. Culture Maximum Score: 10 points

J. (5 points: 1 point per item)
61. b
62. c
63. b
64. c
65. c

K. (5 points: 1 point per item)
66. a
67. b
68. b
69. b
70. a

IV. Writing Maximum Score: 30 points

L. (10 points) Answer will vary for item 71.
M. (8 points: 4 points per item) Answers will vary for items 72 and 73.
N. (12 points: 4 points per item) Answers will vary for items 74 to 76.

¡VEN CONMIGO!

LEVEL 3 DIAGNOSTIC TEST AND RUBRIC

Level 3 Diagnostic Test Scoring Rubric

This rubric is meant only as a guide. You may consider 70% passing; however, you should also consider the student's strengths and weaknesses in each of the skill areas before placement.

There are four sections on the exam that total 100 points. The scores below correspond to the number of correct items in each section. The number of items in each section that the student answers correctly tells you whether he or she should be placed in Level 3 or Level 4.

Listening Score (number of items correct)	Reading Score (number of items correct)	Culture Score (number of items correct)	Writing Score	Level
1–23	1–23	1–7	1–23	3
24–30	24–30	8–10	24–30	4

To help you assess the writing portion of the Diagnostic Exam, you can use the following rubric.

Writing Assessment Rubric

Content	Uses the appropriate vocabulary for the topic.	(Excellent) 5 4 3 2 1 (Poor)
Comprehensibility	Reader can understand what the writer is trying to communicate.	(Excellent) 5 4 3 2 1 (Poor)
Accuracy	Uses language correctly, including grammar, word order, spelling and punctuation.	(Excellent) 5 4 3 2 1 (Poor)
Organization	Writing is logical and effective.	(Excellent) 5 4 3 2 1 (Poor)
Risk-taking, Intuition	Communicates with creativity, extension, applies rules of language to write clearly	(Excellent) 5 4 3 2 1 (Poor)

I. Listening

Maximum Score: 30 points

A. Miguel is talking to Elena about a problem he had at school. Listen to their conversation, then choose the correct response to the questions below. (6 points)

_____ 1. Miguel is _____ because he got a bad grade on his math test.
   a. mad   **b.** disappointed   **c.** surprised

_____ 2. Based on what Miguel says, you can conclude that Professor Martínez is probably very _____.
   a. understanding   **b.** strict   **c.** absent-minded

_____ 3. Why did Miguel do so poorly on the exam?
   a. He didn't study.
   b. He stayed up late the night before watching television.
   c. He overslept because he stayed up late the night before studying.

_____ 4. What does Elena offer to do to help Miguel?
   a. take him to lunch
   b. help him study for the next test
   c. talk to Professor Martínez herself

_____ 5. How confident is Elena that her plan will work?
   a. not very confident   **b.** fairly confident   **c.** very confident

_____ 6. How does Miguel feel about Elena's offer?
   a. He doesn't want her to interfere.
   b. He's pleased that he has friends who can help him.
   c. He's disappointed because he needs someone else's help.   SCORE [_____]

B. Marcos and Luisa are having a conversation after school. Listen to their conversation, then indicate whether the statements below are: **a) cierto** or **b) falso.** (6 points)

_____ 7. According to Luisa, Pierre and all other French people are arrogant.

_____ 8. Luisa has lived in France for one year.

_____ 9. Marcos has never been to Spain.

_____ 10. Marcos learned how to cook octopus by watching TV.

_____ 11. Luisa is not surprised that Marcos knows how to cook.

_____ 12. Luisa doesn't know how to cook.   SCORE [_____]

C. Jorge and his uncle Mariano are having a discussion about the country's social problems. Indicate if the statements below represent an opinion that might be held by **a) tío Mariano,** or **b) Jorge.** (8 points)

_____ 13. Es muy importante que todo el mundo pueda trabajar.

_____ 14. Hace falta construir más cárceles para todos los delincuentes.

_____ 15. Necesitamos más policías en las calles.

_____ **16.** No creo todo lo que está en el periódico.

_____ **17.** No cabe la menor duda que el desempleo causa la criminalidad.

_____ **18.** Parece mentira lo que oí en la radio esta tarde.

_____ **19.** Tengo la impresión de que los jóvenes de hoy no consiguen una buena educación.

_____ **20.** Los periodistas de la radio no están bien informados.

SCORE [____]

D. Carlos is having a conversation with his grandmother about her past career. They're also both discussing plans for the future. Listen to their conversation, then indicate whether the statements below are: **a) cierto** or **b) falso.** (10 points)

_____ **21.** Carlos es abogado.

_____ **22.** La abuela de Carlos es enfermera.

_____ **23.** La abuela de Carlos no trabajaba mucho de joven.

_____ **24.** De joven, Carlos trabajaba como carpintero.

_____ **25.** Carlos trabaja hoy como vendedor de productos farmacéuticos.

_____ **26.** La abuela de Carlos piensa llegar a ser la gobernadora del estado.

_____ **27.** Cuando sea mayor, Carlos quiere ser médico.

_____ **28.** La abuela de Carlos le recomienda que estudie periodismo.

_____ **29.** Carlos va a ir a una entrevista el martes.

_____ **30.** La abuela de Carlos no puede ayudarle a prepararse para la entrevista.

SCORE [____]

II. Reading

Maximum Score: 30 points

A. The school newspaper asked Emily Seitz what she thought about students' attitudes toward the band. Read her response and answer the questions that follow. (8 points)

Miembro de la banda

Me llamo Emily Seitz y soy miembro de la banda de mi colegio. Me enojo cuando la gente se refiere a mí como una *nerd* de banda. Los del equipo de fútbol americano dicen que los miembros de la banda somos inútiles. ¡Al contrario! Trabajamos tanto como ellos. Cada año pasamos más de cien horas en el campamento de la banda. Como los jugadores de fútbol, practicamos cinco días a la semana. Y nunca estamos en casa los sábados porque tenemos competencias que duran todo el día.

Pasamos muchos años aprendiendo a tocar un instrumento musical. Es muy difícil tocar perfectamente el instrumento y marchar al mismo tiempo. Nos divertimos mucho y estamos muy orgullosos de lo que hacemos. Sólo queremos una cosa: que los otros equipos de la escuela nos respeten.

_____ 31. A Emily le _____ que se refieran a ella como a una *nerd* de banda.
      a. interesa   **b.** enoja   **c.** gusta

_____ 32. Según Emily, los miembros de la banda no son _____.
      a. callados   **b.** egoístas   **c.** perezosos

_____ 33. Según Emily, los deportistas _____ que los miembros de la banda son inútiles.
      a. niegan   **b.** tienen la impresión de   **c.** se ríen de

_____ 34. Según Emily, es necesario practicar muchos años para _____ un instrumento musical.
      a. encontrar   **b.** aportar   **c.** dominar

_____ 35. Emily se siente _____ de ser miembro de la banda.
      a. avergonzada   **b.** enojada   **c.** orgullosa

_____ 36. Based on this reading, we can conclude that _____.
      a. football players don't work very hard at Emily's school
      b. band members don't make very good grades at Emily's school
      c. the band works very hard at Emily's school

_____ 37. Based on what Emily says, it's probable that _____.
      a. some people don't respect the band at her school
      b. she's jealous of the football team
      c. it's easy to learn how to play an instrument

_____ 38. Which sentence best summarizes what Emily expresses?
      a. Band members aren't any different from any other school group.
      b. Band members work harder than other school groups and deserve more recognition.
      c. Band members deserve the same respect that other groups deserve.

SCORE [   ]

B. For each of the following phrases, choose the phrase that best completes the thought. (8 points)

_____ 39. Me he fijado mucho en todos los problemas que hay en nuestro mundo.
      a. Según el gobierno, la criminalidad no está aumentando.
      b. Me dedicaría a construir hospitales para los pobres.
      c. Si no actuamos ahora para resolverlos, temo que los problemas se empeoren.

_____ 40. Estoy muy orgullosa de todos los éxitos que hemos tenido mi familia y yo.
      a. Mi amigo puso todo su esfuerzo en dominar el inglés.
      b. He logrado asistir a una buena universidad mientras mi hermano ha conseguido un buen trabajo.
      c. Mi profesora ha superado muchos obstáculos en su vida.

_____ 41. En el mundo de hoy hay muchos adelantos tecnológicos cada día.
      a. No cabe la menor duda de que en el futuro va a haber más.
      b. Temo que el canal nacional vaya a cancelar mi programa de ciencia ficción favorito.
      c. Dudo que en los años que vienen vivamos peor que hoy.

_____ 42. Tengo muchos planes para el verano.
      a. Estoy muy orgulloso de todos mis éxitos.
      b. Cuando termine mis estudios pienso ir a Miami a pasar unos días en la playa.
      c. Hace mucho sol en el verano, así que siempre me pongo crema protectora.

_____ **43.** Por tener padres hispanos, he tenido la oportunidad de hablar español e inglés en casa.
   a. Por consiguiente me he esforzado para sacar buenas notas en la escuela.
   b. Por lo tanto, soy perfectamente bilingüe.
   c. Entonces, es muy difícil que yo consiga buenas notas en mi clase de literatura.

_____ **44.** Si pudieras, ¿qué cambios harías para resolver los problemas del mundo de hoy?
   a. Si fuera presidente, construiría más escuelas y universidades en las zonas rurales.
   b. Parece mentira que el presidente no haya hecho ningún cambio importante.
   c. Sí, es evidente que el hambre y la enfermedad son problemas muy serios.

_____ **45.** Este fin de semana fui al museo a ver la exhibición de Rivera. Me gustó mucho.
   a. Para ser sincero, el baile moderno me deja fría.
   b. El próximo mes, pienso ir a la exhibición de las pinturas de Botero.
   c. Hablando del fin de semana, ¿quién ganó el partido entre los Tigres y los Osos?

_____ **46.** Me peleé con mi mejor amigo anoche. Es que él me trata de una manera muy rara cuando está con sus otros amigos.
   a. Me da la impresión de que está avergonzado de ser mi amigo. Eso me ofende.
   b. Estoy muy decepcionado de que no puedas salir conmigo esta noche.
   c. Raimundo es muy amable, ¿no? Tiene muchos amigos.

SCORE ☐

C. Read the article about tropical forests and then answer the questions that follow. (7 points)

¿Podremos salvar las selvas tropicales?

Hoy en día se destruyen grandes secciones de las selvas tropicales. Parte del problema es que en muchas regiones, grandes empresas entran a cortar los árboles por la madera. También existe el petróleo y otros recursos naturales. Al extraer estos recursos, se destruye la selva. De las selvas recibimos gran parte del oxígeno del mundo. Y cada año descubrimos plantas medicinales en la selva. Otro beneficio de la selva tropical es que produce gran cantidad de agua. Además de agua, la selva tropical produce otros elementos que afectan el clima de otras partes del mundo. Si destruyéramos estos elementos, cambiaríamos la atmósfera. Debemos dejar de comprar productos y animales que vienen de la selva. Tenemos que convencer a los gobiernos que tienen que restringir la destrucción de las selvas. También sería una buena idea iniciar una campaña de publicidad para crear conciencia de los beneficios medicinales y ambientales de la selva.

_____ **47.** What is the main idea of the article?
   a. It is important to halt the indiscriminate destruction of tropical forests.
   b. Tropical forests are an important source of water.
   c. We should raise awareness of the severity of the problem.

_____ **48.** What is one of the causes of the problem of deforestation mentioned in the article?
   a. The forests are a vital source of the world's supply of oxygen.
   b. The forests are being cut down for their wood.
   c. The prevalence of slash-and-burn agriculture in the Amazon Basin destroys several acres of forest per day.

_____ **49.** What does the reading say might happen if the tropical forests are destroyed?
   a. Many animals will become extinct.
   b. Humans will be left without medicines of any kind.
   c. The destruction of the forests might affect the atmosphere.

_____ **50.** Which of the following is **not** a solution suggested in the reading?
   a. We should start using fewer wood products.
   b. We should start campaigns to raise awareness of the importance of the forests.
   c. We should find alternative sources of oxygen.

_____ **51.** What can we conclude about the forests from the reading?
   a. The fate of the forests affects us all.
   b. It is a problem that has a limited scope.
   c. No one is very concerned about this issue.

_____ **52.** Read the following sentences and choose the one which best sums up the sentiments expressed in the reading.
   a. Si no actuamos ahora, la situación va a empeorar.
   b. Si no necesitáramos oxígeno, las selvas no estarían en tanto peligro.
   c. Es el deber de las grandes empresas cuidar la Tierra.

_____ **53.** Choose the best alternate title for the reading from the following choices.
   a. "Nos toca actuar ya para salvar las selvas tropicales."
   b. "Científicos descubren nuevas medicinas en las selvas."
   c. "El público pide más productos de las selvas tropicales."   SCORE [____]

D. Read the following article about a Costa Rican organization and answer the questions. (7 points)

Asociación Contra la Violencia

La Asociación Contra la Violencia suplica a todos los ciudadanos costarricenses que se den cuenta del gran peligro con que se enfrenta la juventud de hoy. Nos referimos a los programas de televisión, las películas y videocintas que presentan imágenes y temas cargados de violencia.

Nos preocupa muchísimo el efecto que esta violencia tiene sobre nuestros hijos. Tarde o temprano se va a manifestar en sus personalidades y modos de ser. No decimos que todos se vayan a convertir en ladrones o asesinos; el efecto es mucho más sutil. Poco a poco van a perder la sensibilidad y no les será motivo de alarma el oír de un asesinato en su barrio, pues ya habrán visto miles de asesinatos en la tele.

Queremos elevar nuestra voz e invitar a todos los costarricenses a luchar contra este mal. Queremos películas, videos y programas de televisión que promuevan el amor al vecino, la cooperación y una actitud positiva frente al mundo de hoy.

_____ **54.** What is the main idea of this article?
   a. It's necessary to make all people aware of the influence that violent images have on young people.
   b. Young people in Costa Rica are very concerned about violence.
   c. Violent images should be banned from all video material in Costa Rica.

_____ **55.** According to the article, where do most young people see violent images?
   a. on television and video materials
   b. in their neighborhoods
   c. in the downtown area of San José

_____ **56.** What worries the author of the article most?
  a. how to protect property
  b. how to keep criminals off the streets
  c. how to protect children from the violence they see

_____ **57.** From the article, it is clear that _____.
  a. Costa Rican children have a tendency towards delinquency
  b. crime is on the rise in Costa Rica
  c. Costa Ricans are very concerned about the welfare of their children

_____ **58.** What do the authors propose to combat this problem?
  a. building more prisons
  b. raising public awareness
  c. banning all television programming

_____ **59.** From the article, we can deduce that young Costa Ricans _____.
  a. are insensitive
  b. watch a fair amount of television
  c. are becoming criminals

_____ **60.** Which of the following would be an acceptable alternate title for this article?
  a. ¡A promover la delincuencia!
  b. Si no actuamos ahora, la criminalidad va a aumentar.
  c. ¡Dedíquense a proteger a nuestros jóvenes!

SCORE _____

III. Culture

Maximum Score: 10 points

A. Based on what you read in your textbook, indicate whether each of the following statements are **a) cierto** or **b) falso.** (10 points)

_____ **61.** Las confiterías tienen mucha importancia en la vida diaria de Buenos Aires.

_____ **62.** Los grupos hispanos más grandes de Nueva York son los peruanos y los colombianos.

_____ **63.** Costa Rica tiene uno de los ejércitos más grandes del mundo.

_____ **64.** En unos kioscos de Buenos Aires, se venden periódicos, dulces y hasta champú.

_____ **65.** El uso de Internet en Argentina todavía no es muy común.

_____ **66.** El Barrio de Nueva York es conocido por su fuerte influencia española.

_____ **67.** La mayoría de los costarricenses sabe leer y escribir.

_____ **68.** El ecoturismo forma una parte importante de las economías rurales en Costa Rica.

_____ **69.** Argentina es el único país latinoamericano donde no se usa **vos**.

_____ **70.** Se puede ver pinturas de artistas hispanos en la Sociedad Hispánica de América y en el Museo del Barrio.

SCORE _____

IV. Writing

Maximum Score: 30 points

A. You've just received an invitation to your friend Julia's wedding. You're surprised and happy that she invited you, but unfortunately you're not going to be able to make it because your cousin's wedding is also on that day. You don't want Julia to be offended, so you need to write her a letter turning down her invitation. In your letter, you should tell her how happy you are that she invited you, but explain in detail why you won't be able to make it. (9 points)

71. _____

_____

_____

_____

_____

_____

_____

_____

SCORE

B. Complete the following sentences saying what you would do if the following statements were true. (2 points)

72. Si yo fuera presidente,...

_____

73. Si tuviera mi propia compañía,...

_____

SCORE

C. You are looking for a part-time job and have decided to apply for a cashier's position that you saw advertised in the paper. Write a letter answering the ad. Be sure to include the following information: name, age, your previous work experience, why you would be good for the job, and how this job fits in with your plans for the future. (9 points)

74. _____

_____

_____

_____

_____

_____

_____

_____

SCORE

D. As you were walking down the street at 1:00 p.m., you saw two thieves run out of the Banco Federal. You were the only witness to the robbery. The police have asked you to tell them what happened. Write a paragraph telling everything you can remember about the events. Be sure to say what time it was and what the thieves looked like. Include whether they were tall or short, young or old, had long or short hair, what they were wearing and any other details you noticed. Explain what the thieves did and how you reacted. Remember to use the imperfect tense to set the scene and give descriptions and the preterite tense to say what happened or what someone did. (10 points)

75. _____

_____

_____

_____

_____

_____

_____

_____

_____

_____

_____

_____

_____

SCORE ☐

TOTAL SCORE ☐ /100

Listening Scripts for Diagnostic Exam, Level 3

I. Listening

A.

MIGUEL Ay, Elena. Estoy muy decepcionado. Saqué una mala nota en el examen de matemáticas. Me dan ganas de llorar.

ELENA Tranquilo, Miguel, quizá puedas hacer otro examen. ¿Por qué no hablas con el profesor Martínez? Él es buena gente y estoy segura que sabrá entenderte.

MIGUEL Ya hablé con él y admití mi error, pero no sirvió de nada.

ELENA ¡No es posible! No puedo creer que el profesor Martínez no te haya entendido. ¿Qué pasó?

MIGUEL Me quedé dormido estudiando en la noche y no me desperté a tiempo, de modo que sólo tuve media hora para resolver el problema principal.

ELENA ¿Es posible pedirle ayuda al director de la escuela? Quizá él te ayude y puedas presentar otro examen. ¿Y por qué te dormiste?

MIGUEL Supongo que me dio sueño porque tuve que trabajar el día antes del examen.

ELENA Me enojo cuando pasan cosas así. Todo el mundo sabe que tú no eres perezoso. Si pudiera, yo misma hablaría con el director... Oye, tengo una idea. Puedo hablar hoy mismo con el profesor Martínez.

MIGUEL No estoy seguro que eso ayude.

ELENA Claro que sí. Yo saqué la mejor nota en la clase y no me cabe la menor duda que él comprenderá.

MIGUEL ¿Tú crees que te va a escuchar?

ELENA Sí, puedes confiar en mí. Estoy convencida que si discutimos el problema, él aceptará tu disculpa y te hará otro examen.

MIGUEL Elena, no sabes lo contento que me haces sentir. Me alegro cuando mis amigos me ayudan a resolver los problemas.

ELENA No te preocupes, hombre, para eso están los amigos.

B.

MARCOS Luisa, se dice que Pierre es arrogante. ¿Tú qué crees?

LUISA No es verdad que Pierre sea arrogante. Él es callado y un poco tímido, pero es muy buena gente. Me enojo cuando la gente piensa que los franceses son arrogantes.

MARCOS Tienes razón, Luisa. Eso es un estereotipo de gente que tiene prejuicios y es ignorante. ¿Cómo te imaginas Francia?

LUISA Me imagino que es un lugar con cosas antiguas y modernas. Si pudiera, yo viviría en Francia por un año para conocer a su gente. ¿Y tú, Marcos?

MARCOS Si yo pudiera, viviría en España. Tengo entendido que en España se puede comer mucho pescado y a mí me fascina el pescado. Vi en la televisión un documental sobre La Coruña y quiero aprender a cocinar el pulpo a la gallega.

LUISA ¡No me digas que tú sabes cocinar! No me lo esperaba.

MARCOS Claro que sé. ¿Quieres aprender a cocinar bacalao noruego?

LUISA No estoy segura que pueda. Yo sé comer muy bien, pero no tengo la menor idea de cómo cocinar.

MARCOS Anímate. Quizá aprendas un poco.

C. **MARIANO** Mira, Jorge, tú y yo pensamos de modo diferente. Para mí, el mayor problema del país es el desempleo.

JORGE No es cierto que el mayor problema sea el desempleo. Tío Mariano, ¿te has fijado en que hay mucho crimen y delincuencia?

MARIANO Claro que sí. La criminalidad aumenta debido a que hay desempleo.

JORGE No, tío. No hay suficientes policías; por lo tanto, las calles son menos seguras. Mira, si tú fueras presidente del país, ¿qué harías, tío?

MARIANO Si yo fuera presidente, promovería la educación de tal forma que los jóvenes consigan el empleo en las empresas. Eso haría bajar el crimen. ¿Y tú?

JORGE Si yo fuera presidente, empezaría por poner más policías en la calle para acabar con los delincuentes. También intentaría construir más cárceles.

MARIANO No estoy de acuerdo en que construir cárceles sea una solución. Supongo que nunca lees los periódicos, Jorge.

JORGE Siempre leo la sección de ocio, la policiaca y la deportiva. ¿Y tú?

MARIANO Mira, Jorge, a menos que leas la primera sección y los editoriales, no vas a estar bien informado.

JORGE Ay, tío, sólo tú crees en los periódicos. Si quieres estar bien informado, debes escuchar los programas de la radio por las mañanas. Los comentaristas hablan de todos los problemas del país.

MARIANO No es posible que tú escuches esos programas de la radio. Esos tíos no saben ni jota y sólo opinan porque sí.

JORGE ¿Lo ves? No estamos de acuerdo en nada.

MARIANO Claro que sí. Estamos de acuerdo en que no estamos de acuerdo, ¿verdad?

JORGE Sin duda alguna.

D. **CARLOS** Oiga Abuela, ¿siempre quiso usted ser abogada?

ABUELA Sí, Carlos. De niña, yo ya sabía que quería ser abogada, pero mi mamá quería que fuera enfermera. Soñaba con poder defender a los inocentes y castigar a los delincuentes y criminales. Recuerdo que yo pensaba: "Cuando sea mayor, yo quiero ser abogada".

CARLOS ¿Y cree que fue difícil alcanzar su objetivo?

ABUELA Sin duda alguna. No fue fácil. Mis éxitos se deben a que trabajé mucho. Cuando era joven, trabajé como carpintera y vendedora de productos farmacéuticos.

CARLOS Oiga Abuela, ¿y cuáles son sus planes para el futuro?

ABUELA Me encantaría ser gobernadora de mi estado. Si yo fuera gobernadora, combatiría el crimen organizado con mucha fuerza, y no me dedicaría a hablar del desempleo, como hace el gobernador. ¿Y tú, Carlos? ¿Qué planes tienes para el futuro?

CARLOS Pues en verdad no sé. Me interesaría estudiar diseño gráfico, pero también me encanta escribir y no sé si quiero ser escritor.

ABUELA ¿Por qué no estudias periodismo? Así puedes diseñar tus reportajes y escribirlos también. Oye, ¿qué vas a hacer este verano?

CARLOS Todavía no sé. El martes voy a ir a una entrevista de trabajo en los Almacenes García para trabajar medio tiempo.

ABUELA Te recomiendo que seas sincero en la entrevista, no vayas a hablar mucho y lleva un currículum actualizado. Si quieres te ayudo.

CARLOS Por supuesto.

Answers to Diagnostic Exam, Level 3

I. Listening Maximum Score: 30 points

A. (6 points: 1 point per item)
1. b
2. b
3. c
4. c
5. c
6. b

B. (6 points: 1 point per item)
7. b
8. b
9. a
10. b
11. b
12. a

C. (8 points: 1 point per item)
13. a
14. b
15. b
16. b
17. a
18. a
19. a
20. a

D. (10 points: 1 point per item)
21. b
22. b
23. b
24. b
25. b
26. a
27. b
28. a
29. a
30. b

II. Reading Maximum Score: 30 points

A. (8 points: 1 point per item)
31. b
32. c
33. b
34. c
35. c
36. c
37. a
38. c

B. (8 points: 1 point per item)
39. c
40. b
41. a
42. b
43. b
44. a
45. c
46. a

C. (7 points: 1 point per item)
47. a
48. b
49. c
50. c
51. a
52. a
53. a

D. (7 points: 1 point per item)
54. a
55. a
56. c
57. c
58. b
59. b
60. c

III. Culture Maximum Score: 10 points

A. (10 points: 1 point per item)
61. a
62. b
63. b
64. a
65. b
66. b
67. a
68. a
69. b
70. a

IV. Writing Maximum Score: 30 points

A. (9 points) Answers will vary for item 71.
B. (2 points: 1 point per item)
  Answers will vary. Possible answers:
  72. Si yo fuera presidente, lucharía contra el hambre y la enfermedad.
  73. Si tuviera mi propia empresa, viajaría por el mundo y ganaría mucho dinero.
C. (9 points) Answers will vary for item 74.
D. (10 points) Answers will vary for item 75.

SPEAKING ASSESSMENT

Speaking Test Evaluation Form

Chapter _____ ☐ Interview ☐ Role-play ☐ Other format

Targeted Function(s) _____

_____

_____

Context (Topic) _____

COMPREHENSION (ability to understand aural cues and respond appropriately)	(POOR)	1	2	3	4	(EXCELLENT)	
COMPREHENSIBILITY (ability to communicate ideas and be understood)	(POOR)	1	2	3	4	(EXCELLENT)	
ACCURACY (ability to use structures and vocabulary correctly)	(POOR)	1	2	3	4	(EXCELLENT)	
FLUENCY (ability to communicate clearly and smoothly)	(POOR)	1	2	3	4	(EXCELLENT)	
EFFORT (inclusion of details beyond the minimum predictable response)	(POOR)	1	2	3	4	(EXCELLENT)	

TOTAL POINTS ☐

NOTES:

_____

_____

_____

_____

_____

Level 1A

A. Interview

Have students answer these questions in Spanish.
1. ¿Cuántos años tienes?
2. ¿Qué clases tienes hoy?
3. ¿Practicas deportes? ¿Cuáles?
4. ¿Adónde vas con tu familia los fines de semana?
5. ¿Cómo son tus hermanos?

B. Role-Play

Have pairs of students act out the following situation, or act it out yourself with a student.

You and a friend meet after school to talk about what to do this weekend. One of you will ask, **¿Qué haces este fine de semana?** You respond and ask your friend the same question. Talk about what things you like and don't like to do. Each of you should ask and answer at least five questions.

Level 1B/Level 1

A. Interview

Have students answer these questions in Spanish.
1. **Cuando vas a un restaurante, ¿qué te gusta pedir?**
2. ¿Qué ropa llevas cuando vas a una fiesta?
3. ¿Cuál es tu día festivo favorito? ¿Por qué?
4. ¿Qué hiciste ayer?
5. ¿Qué piensas hacer durante el verano?

B. Role-Play

Have pairs of students act out the following situation, or act it out yourself with a student.

You call a friend to invite him or her to a surprise party you are throwing. Your friend will accept the invitation and ask more about the party, or decline the invitation and give an appropriate, polite excuse and tell you what he or she is planning to do instead.

Level 2

A. Interview

Have students answer these questions in Spanish.
1. ¿Qué haces todos los días por la mañana?
2. ¿Qué deberías hacer para sacar buenas notas?
3. Cuando eras pequeño(a), ¿qué actividades hacías?
4. ¿Prefieres las películas de aventura o las comedias? ¿Por qué?
5. ¿Qué tiempo hacía cuando llegaste al colegio esta mañana?

B. Role-Play

Have pairs of students act out the following situation, or act it out yourself with a student.

> You are a trainer at a health club. You have a new client who has been feeling tired and sick lately. Ask him or her about his or her lifestyle and eating and exercising habits. Make recommendations for how to break bad habits and live a healthier life. The client tells you how he or she lives and explains why he or she hasn't been to see you sooner.

Level 3

A. Interview

Have students answer these questions in Spanish.
1. ¿Cuándo le pides consejos a alguien?
2. ¿Cómo serás en diez años?
3. ¿Crees que la violencia en la televisión tenga malos efectos sobre la gente?
4. Piensa en un país hispanohablante. ¿Qué impresiones tienes de la gente de allí, y por qué?
5. Si fueras presidente por un día, ¿qué harías?

B. Role-Play

Have pairs of students act out the following situation, or act it out yourself with a student.

> Imagine that you are giving advice to a student who has just moved to your community. Tell him or her about some of the problems you had when you first arrived and how you overcame them. Give advice on what he or she could do that would make the transition easier. Then help the new student set some goals for the future.

Spanish ¡Ven conmigo! Speaking Assessment